PASTA! PASTA! PASTA!

Rezepte mit
Cartoons von
Peter Gaymann

Inhaltsverzeichnis

Die langen Dünnen

SIE SIND SCHON ETWAS WIDER-
SPENSTIG: ZUERST PASSEN SIE
KAUM IN DEN TOPF, DANACH
WOLLEN SIE LIEBEVOLL EINGE-
WICKELT WERDEN UND BIETEN
SAUCENSPRITZSPASS FÜR
GROSS UND KLEIN. ABER HAT
MAN SIE EINMAL GEBÄNDIGT
UND IM MUND SIND SIE
GENUSS PUR. BUON APPETITO!

Tagliatelle in Zitronensauce

FÜR 4 PERSONEN

150 g Zuckerschoten
Salz
1 Zwiebel
2 Knoblauchzehen
1 unbehandelte
Zitrone
400 g Tagliatelle
1 EL Butter

200 g Sahne
150 g rohe, ausgelöste
Garnelen
weißer Pfeffer
Cayennepfeffer
70 g Pecorino, frisch
gerieben

ZUBEREITUNGSZEIT: ETWA 25 MINUTEN

1 Die Zuckerschoten waschen und von den Enden befreien. In einem Topf reichlich Salzwasser zum Kochen bringen. Die Zuckerschoten darin 2 Minuten blanchieren, mit einer Schaumkelle herausheben und kalt abschrecken (Wasser nicht abgießen, sondern zum Nudel kochen nehmen).

2 Zwiebel und Knoblauch schälen und fein hacken. Zitrone heiß waschen und abtrocknen. Die Schale dünn abschneiden und sehr fein hacken, 1 Zitronenhälfte auspressen.

3 Die Tagliatelle im Gemüsekochwasser nach Packungsaufschrift bissfest kochen.

4 Gleichzeitig die Butter in einem Topf erhitzen. Zwiebeln und Knoblauch darin glasig braten. Zitronenschale und 1 Esslöffel Saft mit der Sahne aufgießen, diese bei mittlerer Hitze sämig einkochen lassen.

5 Zuckerschoten und Garnelen unter die Zitronensauce mischen, warm werden lassen und die Sauce mit Salz, Pfeffer und Cayennepfeffer abschmecken.

6 Die Nudeln abgießen, mit der Sauce in einer vorgewärmten Schüssel mischen. Sofort mit Pecorino servieren.

VARIANTEN

Statt Zuckerschoten schmecken Erbsen, gebratene Pilze oder blanchierte Mangoldstreifen. Auch kleine Lachswürfel oder Scampi passen gut in die Zitronensauce.

TIPP

Die Sahne muss sehr frisch sein, damit sie durch den Zitronensaft nicht gerinnt. Sie können auch Crème fraîche nehmen.

Spaghetti mit Gorgonzolasauce

ZUBEREITUNGSZEIT: ETWA 25 MINUTEN

FÜR 4 PERSONEN

1 Bund Frühlingszwiebeln	
1 Fenchelknolle mit Grün	150 g Sahne
1 EL Butter	Salz
1/8 l trockener Weißwein	schwarzer Pfeffer
(ersatzweise Milch)	400 g rote Spaghetti
200 g Gorgonzola	75 g Kirschtomaten

1 Die Frühlingszwiebeln und den Fenchel putzen, waschen und fein schneiden. Das Fenchelgrün hacken und beiseite stellen.

2 Die Butter in einer Pfanne aufschäumen lassen und das Gemüse darin bei mittlerer Hitze in 5 Minuten garen.

3 Den Wein oder die Milch dazugießen. Den Gorgonzola klein schneiden und mit der Sahne einrühren, mit Salz und Pfeffer abschmecken und bei schwacher Hitze warm halten, gelegentlich umrühren.

4 Inzwischen reichlich Salzwasser aufkochen lassen. Die Spaghetti darin nach Packungsanleitung bissfest kochen.

5 Die Kirschtomaten waschen und vierteln. Die Spaghetti gut abtropfen lassen, mit der Sauce mischen und mit den Tomaten und dem Fenchelgrün bestreut anrichten.

GETRÄNKETIPP

Dazu schmeckt ein trockener italienischer Weißwein, z. B. ein Gavi aus dem Piemont.

TIPP

Je einfacher die Sauce, desto hochwertiger sollten die Zutaten sein. Verwenden Sie nur frische Kräuter und Gemüse. Bevorzugen Sie original italienische Spaghetti aus Hartweizengrieß ohne Ei. Sie behalten dank der speziellen Weizenart einen festen Biss und werden so typisch "al dente".

Rote Spaghetti erhalten ihre Farbe durch Tomate oder rote Bete. Sie bekommen bunte Pasta in großen Supermärkten oder beim italienischen Feinkosthändler. Aber Vorsicht: es gibt auch mit Chili gefärbte Pasta. Die ist scharf und eignet sich nicht für dieses Gericht. Nach dem Rezept auf Seite 63 können Sie rote Nudeln selbst herstellen.

Linguine mit Spargel

FÜR 4 PERSONEN

ZUBEREITUNGSZEIT: ETWA 45 MINUTEN

100 g Schalotten
500 g grüner Spargel
Salz   schwarzer Pfeffer
2 EL Butter   400 g Linguine
200 ml Hühnerbrühe   200 g Mascarpone
2 Handvoll Kerbel

1 Die Schalotten klein würfeln. Den Spargel waschen, die unteren Enden abschneiden. Die Stangen dann im unteren Drittel schälen und in schräge, etwa 1 cm breite Stücke schneiden.

2 Für die Nudeln reichlich Salzwasser aufkochen lassen.

3 Die Butter in einem Topf aufschäumen lassen. Die Schalotten darin leicht goldgelb anbraten. Die klein geschnittenen Spargelstangen (ohne die Köpfe) kurz mitdünsten, mit der Brühe ablöschen, salzen, pfeffern und zugedeckt 5 Minuten bei schwacher Hitze köcheln lassen.

4 Inzwischen die Linguine im sprudelnden Salzwasser nach Packungsanleitung bissfest kochen.

5 Die Spargelspitzen und den Mascarpone zum übrigen Spargel geben, noch 3 Minuten garen. Mit Salz und Pfeffer abschmecken. Den Kerbel waschen und grob hacken.

6 Die Linguine abgießen, abtropfen lassen und mit der Spargel-Mascarpone-Sauce und etwas Kerbel mischen. Mit dem restlichen Kerbel bestreut servieren.

Bucatini all'amatriciana

500 g Fleischtomaten
1 Chilischote   2 EL Olivenöl
1 große Zwiebel   Salz
1 Knoblauchzehe   400 g Bucatini
100 g Pancetta   weißer Pfeffer
(ersatzweise durch-   70 g Pecorino
wachsenen Speck   (ersatzweise Parmesan),
ohne Schwarte)   frisch gerieben

1 Die Tomaten überbrühen, häuten, und klein würfeln, dabei die Stielsansätze entfernen. Die Chilischote längs halbieren, entkernen, waschen und fein hacken. Zwiebel und Knoblauch ebenfalls fein hacken.

2 Die Pancetta oder den Speck sehr klein würfeln, in Olivenöl in einer großen Pfanne leicht anbraten. Zwiebeln hinzufügen und bei schwacher Hitze 5 Minuten dünsten. Knoblauch und Chili dazugeben und gut umrühren. Die Tomatenwürfel hinzufügen. Alles zugedeckt bei schwacher Hitze 10-15 Minuten garen.

3 Inzwischen reichlich Salzwasser aufkochen lassen. Die Bucatini darin nach Packungsanleitung bissfest kochen. Abgießen, abtropfen lassen und in die Sauce geben. Gut durchmischen und 2-3 Minuten bei schwacher Hitze ziehen lassen. Mit Salz und Pfeffer abschmecken und mit dem Käse bestreut servieren.

TIPP

Dieses Gericht gelingt nur gut mit wirklich reifen, fleischigen Tomaten. Wenn Sie keine ganz reifen Tomaten bekommen, etwa im Winter, verwenden Sie geschälte Früchte aus der Dose. Tomaten abtropfen lassen, dann wie frische zubereiten.

GETRÄNKETIPP

Zu den Bucatini all'amatriciana servieren Sie am besten einen trockenen italienischen Rotwein aus den Abruzzen oder einen Rosé.

Spaghetti aglio, olio e olive

ZUBEREITUNGSZEIT: ETWA 20 MINUTEN

Salz
500 g Spaghetti
3 Knoblauchzehen   Pfeffer
5-6 EL Olivenöl   2 EL Parmesan,
50 g schwarze Oliven   frisch gerieben

1 Reichlich Salzwasser aufkochen lassen. Die Spaghetti darin nach Packungsanleitung bissfest kochen.

2 Inzwischen den Knoblauch schälen, fein hacken und im Olivenöl langsam erwärmen. Die Oliven entsteinen und in feine Streifen schneiden.

3 Die Spaghetti in ein Sieb abgießen, dabei etwas Nudelkochwasser auffangen. 4 Esslöffel vom Kochwasser zum Knoblauchöl geben und 2-3 Minuten bei schwacher Hitze ziehen lassen. Zum Schluss die Oliven hinzufügen, mit Salz und Pfeffer abschmecken und mit den Spaghetti und dem Parmesan mischen.

VARIANTE

SPAGHETTI MIT GETROCKNETEN TOMATEN

100 g getrocknete Tomaten (in Öl) in kleine Stücke, 4 geschälte Knoblauchzehen in feine Scheibchen schneiden, 1 Teelöffel Korianderkörner und 2 getrocknete Chilischoten im Mörser grob zerstoßen. Alles in einer großen Pfanne in ca. 5 Esslöffeln Olivenöl 3 Minuten andünsten. Gekochte Spaghetti abgießen, abtropfen lassen und in der Pfanne schwenken, mit 2 Esslöffeln frisch gehackter Petersilie und 2 Esslöffeln frisch geriebenem Parmesan, Salz und schwarzem Pfeffer vermischen.

Makkaroni mit Löwenzahn

FÜR 4 PERSONEN

400 g Löwenzahn
(kultiviert)
Salz
250 g Tomaten
80 g schwarze Oliven
2 Knoblauchzehen
400 g Makkaroni
1 EL Olivenöl

1 EL Pinienkerne
1 EL Kapern
1 getrocknete
Chilischote
schwarzer Pfeffer
70 g Pecorino,
frisch gerieben

ZUBEREITUNGSZEIT: ETWA 30 MINUTEN

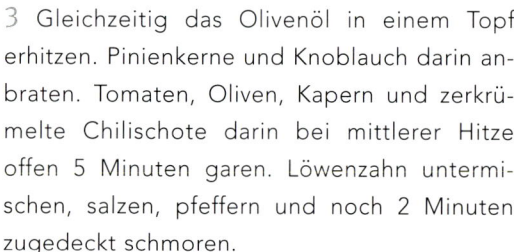

1 Den Löwenzahn waschen, putzen und in etwa 2 cm lange Stücke schneiden. In kochendem Salzwasser etwa 3 Minuten blanchieren, abschrecken und abtropfen lassen. Tomaten überbrühen, häuten und in kleine Würfel schneiden, dabei die Stielansätze entfernen. Oliven entsteinen und in feine Streifen schneiden. Knoblauch schälen und fein hacken.

2 Reichlich Salzwasser zum Kochen bringen. Die Makkaroni darin nach Packungsanleitung bissfest kochen.

3 Gleichzeitig das Olivenöl in einem Topf erhitzen. Pinienkerne und Knoblauch darin anbraten. Tomaten, Oliven, Kapern und zerkrümelte Chilischote darin bei mittlerer Hitze offen 5 Minuten garen. Löwenzahn untermischen, salzen, pfeffern und noch 2 Minuten zugedeckt schmoren.

4 Die Nudeln abgießen, abtropfen lassen, mit dem Gemüseragout mischen und mit dem Pecorino servieren.

Spaghetti mit Lachs und Lauch

FÜR 4 PERSONEN

2 dünne Stangen Lauch
2-3 Zweige frisches Basilikum
2 EL Butter
200 ml Fisch- oder Gemüsefond (aus dem Glas)
300 g Tomaten
100 g Sahne
1/2 TL abgeriebene, unbehandelte Zitronenschale
1 EL Zitronensaft
Salz
weißer Pfeffer
400 g Spaghetti
150 g Räucherlachs
70 g Parmesan, frisch gerieben

1 Den Lauch putzen, waschen und in fingerbreite Stücke schneiden. Das Basilikum waschen, die Blätter abzupfen und in Streifen schneiden. Die Butter in einem Topf bei mittlerer Hitze aufschäumen lassen, den Lauch darin 5 Minuten andünsten. Fond dazugießen und offen um ein Drittel einkochen lassen.

2 Die Tomaten überbrühen, häuten, und in kleine Würfel schneiden, dabei die Stielansätze entfernen. Tomatenwürfel zum Lauch geben, mit Sahne auffüllen und mit Zitronenschale und -saft würzen. Alles 2-3 Minuten leise köcheln lassen, mit Salz und Pfeffer abschmecken.

3 Inzwischen reichlich Salzwasser aufkochen lassen. Die Spaghetti darin nach Packungsanleitung bissfest kochen, abgießen und abtropfen lassen. Zugedeckt warm halten.

4 Den Lachs in dünne Streifen schneiden und in der Sauce kurz erhitzen. Das Basilikum dazugeben. Auf den Spaghetti anrichten, den Parmesan dazu servieren.

Ich bin ein bißchen wie Goethe. Ich find einfach Italien toll.

Spaghetti vongole

ZUBEREITUNGSZEIT: ETWA 45 MINUTEN

FÜR 4 PERSONEN

1 kg Venusmuscheln (Vongole)
3 Knoblauchzehen
1 Bund Petersilie
1 getrocknete, große Chilischote
Salz

2 EL Olivenöl
2 EL Butter
200 ml Weißwein (ersatzweise Fischfond aus dem Glas)
350 g Spaghetti
weißer Pfeffer

1 Die Muscheln unter fließendem Wasser waschen und abbürsten, geöffnete oder beschädigte wegwerfen.

2 Den Knoblauch fein hacken, Petersilie waschen, die Blätter grob zerschneiden. Die Chilischote fein hacken. Reichlich Salzwasser für die Nudeln aufkochen lassen.

3 In einem großen Topf Olivenöl und Butter erhitzen, Knoblauch und Chili darin andünsten. Die Muscheln dazugeben, den Weißwein oder den Fischfond aufgießen und bei starker Hitze zugedeckt 5 Minuten kochen lassen, bis sich die Muscheln geöffnet haben. Jetzt noch geschlossene Muscheln wegwerfen.

4 Inzwischen die Spaghetti im sprudelnden Wasser nach Packungsanleitung bissfest kochen, abgießen und abtropfen lassen.

5 Die Muscheln herausheben und aus den Schalen lösen. Den Kochsud vorsichtig vom Bodensatz in einen anderen Topf abgießen, erneut aufkochen lassen, Petersilie einrühren und mit Salz und Pfeffer abschmecken. Mit dem Muschelfleisch unter die abgetropften Spaghetti mischen.

VARIANTE
SPAGHETTI VONGOLE MIT TOMATEN

Drei reife Tomaten überbrühen, häuten und würfeln, dabei die Stielansätze entfernen. In etwas Olivenöl dünsten, zum Schluss unter die Sauce rühren. Statt Petersilie Basilikum untermischen.

TIPP

Sie können die Muscheln auch in der Schale servieren. Das sieht gut aus und spart Zeit. Zum Essen einfach eine leere Muschelhälfte als Zange verwenden.

Muscheln, die sich beim Kochen nicht geöffnet haben, unbedingt wegwerfen. Sie können gesundheitsschädlich sein. Achten Sie beim Einkauf von tiefgekühlten Muscheln darauf, ob sie roh oder schon vorgegart gefroren wurden. Vorgegarte dürfen nur noch kurz kochen, sonst werden sie trocken.

Spaghetti mit Rucolapesto

FÜR 4 PERSONEN

1 Bund Rucola
2 TL Kapern
2 EL Pinienkerne
2 EL Parmesan
(ersatzweise Pecorino),
frisch gerieben
4 EL Olivenöl

Salz
schwarzer Pfeffer
1 Hand voll grüne
Bohnen
350g Spaghetti
(ersatzweise Linguine
oder Fettuccine)

1 Die Rucolablätter verlesen und waschen, die dicken Stiele abknipsen und abtropfen lassen. Rucola fein hacken. Dann zusammen mit den Kapern und den Pinienkernen weiter hacken, bis die Masse fast musig wird.

2 Das Pesto in einer Schüssel mit Parmesan oder Pecorino und Olivenöl verrühren, mit Salz und Pfeffer würzen.

3 Bohnen waschen, putzen und in etwa 3 cm lange Stücke schneiden. Salzwasser in einem Topf zum Kochen bringen. Die Nudeln mit den Bohnen darin bissfest kochen. 2-3 Esslöffel Nudelkochwasser mit dem Pesto verrühren.

4 Die Nudeln und die Bohnen abgießen, abtropfen lassen und mit dem Pesto gut mischen. Sofort servieren.

VARIANTE
PESTO GENOVESE

1 Bund Basilikum mit 4 geschälten Knoblauchzehen, 1 Hand voll Pinienkerne, 1/2 Teelöffel Salz, 2 Esslöffeln frisch geriebenem Parmesan oder Pecorino und 6-7 Esslöffeln Olivenöl im Mixer bei Schaltstufe 1 zerkleinern. Mit 3-4 EL Nudelkochwasser verdünnen und das Pesto unter die Spaghetti mischen.

Bei der Zubereitung von Pesto sind Ihrer Phantasie keine Grenzen gesetzt. Sie können anstatt Basilikum oder Rucola auch mal eine Variante mit Bärlauch ausprobieren. Die Pinienkerne können Sie durch verschiedene Nüssen, wie Mandeln oder Walnüsse ersetzen. Besonders aromatisch schmeckt das Pesto, wenn Sie Pinienkerne oder Nüsse vorher in der Pfanne ohne Fett anrösten.

Kalbfleisch-Salbei-Linguine

ZUBEREITUNGSZEIT: ETWA 25 MINUTEN

300 g Kalbsschnitzel
100 g roher Schinken
16 frische, kleine
Salbeiblätter
1 EL Butter
1 EL Olivenöl
100 ml trockener
Weißwein (ersatzweise
Fleischbrühe)

100 g Mascarpone
Salz
weißer Pfeffer
400 g Linguine
2-3 EL Marsala
(nach Belieben)

1 Das Kalbfleisch in feine Streifen schneiden. Den Schinken klein würfeln. Die Salbeiblättchen waschen. Die Butter und das Öl in einer Pfanne erhitzen. Die Salbeiblättchen darin kurz anbraten, herausnehmen und beiseite stellen.

2 Das Fleisch und den Schinken in die Pfanne geben und bei mittlerer Hitze in 2-3 Minuten goldbraun anbraten. Mit dem Wein ablöschen, den Mascarpone dazurühren, mit Salz und Pfeffer würzen, vom Herd ziehen.

3 Inzwischen reichlich Salzwasser aufkochen lassen. Die Linguine darin nach Packungsanleitung bissfest kochen. In ein Sieb abgießen und gut abtropfen lassen.

4 Das Kalbsgeschnetzelte wieder aufkochen lassen. Mit Pfeffer und nach Belieben mit dem Marsala abschmecken. Mit den Nudeln und dem Salbei anrichten.

Die kurzen Dicken

SO SCHNELL KANN MAN
SCHMETTERLINGE IM BAUCH
HABEN: FARFALLE UND CO.
HÜPFEN FRÖHLICH IN DEN
TOPF, SIND FAST IM HANDUM-
DREHEN AL DENTE UND GEHEN
LIEBEVOLLE VERBINDUNGEN
MIT SAUCEN EIN. UND ZU
GABEL UND T-SHIRT SIND SIE
AUCH FREUNDLICH - PERFETTO!

Penne mit buntem Gemüse und Ricotta

ZUBEREITUNGSZEIT: ETWA 45 MINUTEN

FÜR 4 PERSONEN

1 gelber Zucchino (etwa 300 g)	100 ml trockener Weißwein
1 Aubergine (etwa 300 g)	2 TL Kapern (nach Belieben)
4 Tomaten	
2 Knoblauchzehen	Salz
1 getrocknete Chilischote	400 g Penne (ersatzweise Fusilli)
4 EL Olivenöl	
1 Zweig frischer Thymian	100 g weicher Ricotta

1 Zucchino und Aubergine waschen, putzen und in sehr kleine Würfel schneiden. Die Tomaten waschen und klein würfeln, dabei die Stielansätze entfernen. Den Knoblauch schälen und fein hacken. Die Chilischote im Mörser fein zerstoßen.

2 Das Olivenöl in einem Topf erhitzen, die Auberginenwürfel darin bei mittlerer Hitze rundherum anbraten. Zucchiniwürfel, Knoblauch und Chili mit dem Thymian dazugeben und kurz braten.

3 Die Tomaten dazugeben, den Weißwein angießen und die Kapern untermischen. Die Sauce mit Salz abschmecken und zugedeckt bei schwacher Hitze 15 Minuten schmoren lassen.

4 Für die Nudeln reichlich Salzwasser zum Kochen bringen. Die Nudeln darin nach Packungsanleitung bissfest kochen.

5 Den Ricotta auf dem Gemüse verteilen und nur warm werden lassen. Die Nudeln abgießen, abtropfen lassen und locker mit dem Gemüse mischen. Sofort servieren.

TIPP

Gelbe Zucchini schmecken ganz ähnlich wie grüne, sorgen aber für farbliche Abwechslung. Sollten Sie Schwierigkeiten haben, gelbe Zucchini zu bekommen, können Sie auch ihre grünen Verwandten nehmen. Kleine Kürbisse sind ebenfalls mit den Zucchini verwandt und bieten eine leckere Abwechslung in der Küche.

Orecchiette mit Tunfisch und Ziegenkäse

FÜR 4 PERSONEN

1 Bund Frühlings-
zwiebeln
1 Kopf Radicchio
Salz
400 g Orecchiette
2 EL Olivenöl
2 EL Butter
2 Dosen Tunfisch im
eigenen Saft
(à 150 g Inhalt)

schwarzer Pfeffer
3-4 EL Aceto balsamico
100 ml Fischfond
(aus dem Glas; ersatz-
weise Gemüsebrühe)
125 g milder Ziegenkäse

ZUBEREITUNGSZEIT: ETWA 30 MINUTEN

1 Die Frühlingszwiebeln putzen, waschen und in schmale Ringe schneiden. Den Radicchio putzen, den Wurzelansatz abschneiden, die äußeren Blätter entfernen. Den Salatkopf vierteln, den Mittelstrunk herausschneiden und die Salatviertel quer in schmale Streifen schneiden.

2 Reichlich Salzwasser aufkochen lassen. Die Orecchiette darin nach Packungsanleitung bissfest kochen.

3 Inzwischen das Öl und die Butter in einer großen Pfanne erhitzen. Die Frühlingszwiebeln darin leicht anbraten. Den Tunfisch abtropfen lassen und untermischen, dabei ein wenig zerkleinern.

4 Die Hälfte des Radicchios kurz mitdünsten, dann alles mit Salz, Pfeffer und Balsamico würzen. Den Fond oder die Brühe dazugießen, alles einmal aufkochen lassen.

5 Die Orecchiette in ein Sieb abgießen und gut abtropfen lassen, auf Teller verteilen. Den restlichen Radicchio unter die Tunfischmischung rühren, diese über die Orecchiette geben. Den Ziegenkäse klein würfeln und darüber streuen.

TIPP

Ziegenkäse bekommen Sie nicht an jeder Käsetheke. Am ehesten finden Sie den je nach Sorte und Reifegrad feinherben bis pikanten Käse in großen Supermärkten, in Käse- und Feinkostgeschäften, manchmal auch im Reformhaus oder Bioladen.

VARIANTE MIT SCHAFKÄSE

Wenn Sie anstatt Ziegenkäse milden Schafkäse verwenden, bekommen Sie eine weitere leckere Variante der Orecchiette.

Rigatoni mit Chicoréeragout

ZUBEREITUNGSZEIT: ETWA 25 MINUTEN

FÜR 4 PERSONEN

2 Schalotten	
1 EL Walnusskerne	
300 g Chicorée	schwarzer Pfeffer
Salz	Muskatnuss, frisch
400 g Rigatoni	gerieben
1 EL Öl	1 TL Zitronensaft
150 g Sahne	1/2 Bund Petersilie

1 Die Schalotten schälen und fein hacken. Die Walnusskerne in kleine Stücke brechen. Den Chicorée waschen, der Länge nach halbieren und den Strunk jeweils keilförmig herausschneiden. Chicorée in Streifen schneiden.

2 Für die Nudeln reichlich Salzwasser zum Kochen bringen. Die Rigatoni darin nach Packungsanleitung bissfest kochen.

3 Inzwischen das Öl in einem Topf erhitzen. Die Schalotten darin glasig braten. Den Chicorée mit den Walnüssen dazugeben und kurz andünsten. Die Sahne angießen, den Chicorée mit Salz, Pfeffer, Muskat und Zitronensaft abschmecken und zugedeckt bei schwacher Hitze etwa 5 Minuten dünsten.

4 Die Petersilie waschen, die Blättchen fein hacken. Die Rigatoni abtropfen lassen und mit der Petersilie unter das Chicoréeragout mischen. In vorgewärmten Tellern servieren.

Farfalle mit Fisch

FÜR 4 PERSONEN

400 g Fischfilet
(z.B. Rotbarsch)
2 EL Zitronensaft
Salz
weißer Pfeffer
1 große Fenchelknolle
mit Grün
2 EL Olivenöl

1 TL Mehl
175 ml Fischfond (aus
dem Glas)
400 g grüne Farfalle
1/2 TL Schale von einer
unbehandelten Orange

ZUBEREITUNGSZEIT: ETWA 30 MINUTEN

1 Das Fischfilet in 3-4 cm große Würfel schneiden. Mit Zitronensaft, Salz und Pfeffer würzen. Den Fenchel waschen, putzen und in feine Streifen schneiden. Das Grün klein schneiden und beiseite legen.

2 Den Fenchel im Olivenöl leicht anbraten. Mit Mehl bestäuben und mit dem Fond ablöschen. 8 Minuten zugedeckt bei schwacher Hitze köcheln lassen.

3 Inzwischen reichlich Salzwasser aufkochen lassen. Die Farfalle darin nach Packungsanleitung bissfest kochen, gut abtropfen lassen. Den Fisch zum Fenchel geben und das Ganze noch 3-4 Minuten köcheln lassen. Mit der abgeriebenen Orangenschale abschmecken, mit den Nudeln servieren. Zum Schluss mit Fenchelgrün garnieren.

TIPP

Das Gericht lässt sich auch mit Räucherlachs zubereiten. Den Fisch dabei nur kurz erhitzen und die Sauce nicht mehr kochen. Vorsicht auch beim Umgang mit Salz, da geräucherter Fisch zusätzlich salzig ist.

Conchiglie al pollo

ZUBEREITUNGSZEIT: ETWA 2 STUNDEN

FÜR 4 PERSONEN

400 g Hähnchenbrust	Salz
1 mittelgroße Zwiebel	schwarzer Pfeffer
3 Knoblauchzehen	1/4 l trockener Rotwein
2 Stangen Bleichsellerie	100 ml Brühe
2 mittelgroße Möhren	400 g sehr breite
5 frische Salbeiblätter	Conchiglie
80 g durchwachsener	200 g Hühnerleber
Speck, ohne Schwarte	80 g Parmesan,
500 g reife Tomaten	frisch gerieben
4 EL Olivenöl	Salbeiblätter zum
	Garnieren

1 Hähnchenbrust in 8-10 Stücke teilen, waschen, abtrocknen. Zwiebel und Knoblauch schälen, Sellerie, Möhren putzen und waschen. Gemüse, Salbeiblätter und Speck sehr fein hacken. Tomaten überbrühen, häuten und klein hacken, dabei die Stielansätze entfernen.

2 In einer Kasserolle das Öl erhitzen, den Speck und das klein gehackte Gemüse (ohne Tomaten) etwa 5 Minuten darin anbraten, die Geflügelteile dazugeben und bei mittlerer Hitze rundum goldgelb braten. Mit Salz und Pfeffer würzen. Wein angießen. Unter Rühren verdampfen lassen, die Tomaten dazugeben. Das Ragout zugedeckt bei schwacher Hitze in 1 Stunde fertig garen.

3 In einem Topf reichlich Salzwasser aufkochen, die Conchiglie darin nach Packungsanleitung bissfest kochen. Eine Schüssel im Backofen bei 75° vorwärmen.

4 Leber putzen, klein hacken, vor dem Servieren 2-3 Minuten in der Sauce ziehen lassen.

5 Gut abgetropfte Nudeln schichtweise mit der Sauce in die vorgewärmte Schüssel geben, jede Schicht mit Parmesan bestreuen.

6 Das Fleisch über den Nudeln verteilen und mit Salbei garniert servieren.

Rigatoni mit Linsenragout

ZUBEREITUNGSZEIT: ETWA 1 STUNDE

100 g scharfe
Paprikasalami
1 Bund Suppengrün
2 Tomaten
2 Knoblauchzehen
2 Zweige frischer Thymian
1 getrocknete rote
Chilischote
1 EL Olivenöl
150 g kleine braune Linsen
oder Puy-Linsen

350 ml Fleischbrühe
(ersatzweise Gemüse-
brühe)
Salz
2 EL Aceto balsamico
400 g Rigatoni
(ersatzweise
Orecchiette oder
kurze Makkaroni)

1 Salami sehr fein würfeln. Suppengrün schälen, waschen und ebenfalls sehr fein würfeln. Tomaten überbrühen, häuten und fein würfeln, dabei die Stielansätze entfernen. Knoblauch schälen und fein hacken. Thymian waschen, Blättchen von den Stielen streifen. Chili zerkrümeln.

2 Öl in einem Topf erhitzen. Suppengrün mit Knoblauch, Salami und Thymian darin anbraten. Linsen mitdünsten. Mit Tomaten und Chili mischen. Brühe angießen.

3 Das Ragout zugedeckt bei mittlerer Hitze in 40 Minuten garen, bis die Linsen weich sind. Dabei gelegentlich durchrühren und eventuell Wasser zugeben. Ragout mit Salz und Aceto balsamico abschmecken.

4 Inzwischen reichlich Salzwasser aufkochen, die Nudeln nach Packungsanleitung bissfest kochen, abgießen, gut abtropfen lassen und mit dem Linsenragout anrichten.

Penne „Tre Formaggi"

FÜR 4 PERSONEN

ZUBEREITUNGSZEIT: ETWA 25 MINUTEN

100 g Fontinakäse
250 g Sahne
50 g Gorgonzola   50 g Parmesan,
Salz   frisch gerieben
400 g Penne   schwarzer Pfeffer
50 g Butter   Muskatnuss,
frisch gerieben

1 Den Fontinakäse in feine Scheiben schneiden und in der Sahne 10 Minuten einlegen. Den Gorgonzola mit der Gabel zerdrücken und mit einlegen.

2 Inzwischen reichlich Salzwasser aufkochen lassen. Die Penne darin nach Packungsanleitung bissfest kochen, abgießen, gut abtropfen lassen und mit der Butter vermischen.

3 Die Käsesahne unter Rühren bei schwacher Hitze aufkochen lassen, bis eine gleichmäßige Sauce entstanden ist. Die Nudeln und den geriebenen Käse hinzufügen. Alles gut mischen und mit wenig Salz, Pfeffer und 1 Prise Muskat abschmecken. Sofort servieren.

TIPP

Fontina heißt der halbfeste milde bis pikante Kuhmilchkäse aus dem Aostatal. Er eignet sich gut für Käsesauce und zum Überbacken. Gorgonzola ist ein weicher geschmeidiger Blauschimmelkäse aus Kuhmilch, der in der gleichnamigen Stadt in der Lombardei seinen Ursprung hat.

Fusilli mit Zwiebel-Kalb-Sauce

ZUBEREITUNGSZEIT: ETWA 25 MINUTEN

FÜR 4 PERSONEN

250 g Zwiebeln
200 g Kalbsfilet
Salz
400 g Fusilli
4 grüne Spargelstangen
2 EL Olivenöl

1/8 l trockener
Weißwein (ersatz-
weise Kalbsfond aus
dem Glas)
2 TL Aceto balsamico
schwarzer Pfeffer
1 Frühlingszwiebel

1 Die Zwiebeln schälen, halbieren und quer in feine Streifen schneiden. Das Kalbsfilet zuerst quer zur Fleischfaser in dünne Scheiben, dann in Streifen schneiden.

2 Für die Nudeln reichlich Salzwasser zum Kochen bringen. Die Fusilli darin nach Packungsanleitung bissfest garen.

3 Schon während das Wasser heiß wird, den Spargel waschen, das untere holzige Drittel abschneiden und wegwerfen. Den Spargel in etwa 2 cm lange Stücke schneiden. In kochendem Salzwasser 5 Minuten blanchieren, kalt abschrecken und abtropfen lassen.

4 Gleichzeitig Öl in einer Pfanne erhitzen. Das Fleisch darin bei starker Hitze anbraten und wieder herausnehmen. Zwiebeln im Bratfett unter Rühren anbraten. Mit dem Wein oder dem Kalbsfond und dem Balsamico ablöschen, mit Salz und Pfeffer würzen und zugedeckt etwa 5 Minuten schmoren lassen.

5 Inzwischen Frühlingszwiebel putzen, waschen und mit dem zarten Grün in sehr feine Ringe schneiden.

6 Fusilli abtropfen lassen, mit dem Fleisch und dem Spargel in die Pfanne zu den Zwiebeln geben und nochmals erhitzen. Die Nudeln in vorgewärmte Teller geben und mit den Frühlingszwiebelringen bestreut servieren.

Conchiglioni alla grossetana

ZUBEREITUNGSZEIT: ETWA 1 STUNDE

1 Zwiebel schälen, in dünne Scheiben schneiden. Pilze putzen, kurz abbrausen, trockentupfen, in nicht zu dünne Scheibchen schneiden. Petersilie waschen und fein hacken. Tomaten überbrühen, häuten, klein hacken, dabei die Stielansätze entfernen.

2 In einer Kasserolle 40 g Butter leicht erhitzen, Zwiebeln darin glasig braten. Pilze und Petersilie dazugeben, 5 Minuten unter Rühren mitdünsten. Tomaten untermischen. Mit Salz und Pfeffer würzen. Zugedeckt bei schwacher Hitze etwa 30 Minuten schmoren.

3 Eine Servierschüssel im Backofen bei 75° vorwärmen. In einem großen Topf reichlich Salzwasser zum Kochen bringen und die Conchiglioni darin nach Packungsanleitung bissfest kochen, dann abgießen und gut abtropfen lassen.

4 Nudeln in die warme Schüssel geben, restliche Butter in Flöckchen darauf verteilen, mit der Hälfte des Parmesans bestreuen, die Sauce darüber gießen und sofort servieren. Den restlichen Parmesan extra dazu reichen.

FÜR 4 PERSONEN

1 mittelgroße Zwiebel
300 g Steinpilze
1 Bund Petersilie
400 g reife Tomaten
70 g Butter

Salz
schwarzer Pfeffer
400 g Conchiglioni
100 g Parmesan,
frisch gerieben

Riecht ihr
auch die
Trüffel?

Penne mit Tintenfisch-Ragout

ZUBEREITUNGSZEIT: ETWA 1 STUNDE

FÜR 4 PERSONEN

300 g küchenfertiger Tintenfisch
200 g Tomaten
2 Knoblauchzehen
1 Bund Basilikum
2 EL Olivenöl
75 ml Weißwein (oder Fischfond)
Salz
schwarzer Pfeffer
150 g ausgelöste Erbsen
400 g Penne

1 Die Tintenfische waschen und in feine Ringe schneiden. Tomaten überbrühen, häuten und vierteln, dabei die Stielansätze entfernen.

2 Knoblauch schälen und fein hacken, Basilikum waschen, die Blättchen abzupfen. Die Hälfte beiseite legen; den Rest in Streifen schneiden.

3 Das Öl in einem Topf erhitzen. Den Tintenfisch darin unter Rühren 5 Minuten braten. Knoblauch und Basilikumstreifen kurz mitbraten.

4 Wein und Tomaten dazugeben, mit Salz und Pfeffer würzen und zugedeckt bei schwacher Hitze 30 Minuten schmoren. Dann die Erbsen untermischen und weitere 10 Minuten garen.

5 Inzwischen reichlich Salzwasser aufkochen, die schmalen Bandnudeln nach Packungsanleitung bissfest kochen, abgießen, gut abtropfen lassen und mit dem Tintenfisch-Ragout anrichten. Mit dem restlichen Basilikum bestreut servieren.

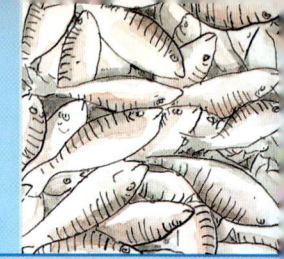

Knuspriges aus dem Ofen

WÄHREND ES IM OFEN BRUT-
ZELT, KANN MAN EROS RAMA-
ZOTTI LAUSCHEN, TARANTELLA
TANZEN ODER EINFACH DEN
LETZTEN ITALIEN-URLAUB NOCH
EINMAL REVUE PASSIEREN LAS-
SEN. WIE HIESS NOCH MAL
DIESE KLEINE TRATTORIA IN
FLORENZ, WO ES DIESE EINMA-
LIG GUTE LASAGNE GAB?

Makkaroni mit Ziegenkäse

ZUBEREITUNGSZEIT: ETWA 45 MINUTEN

300 g Makkaroni
Salz
1 Knoblauchzehe
2 Zwiebeln
600 g Tomaten
20 g Butter
2 EL gehackte Kräuter
(Basilikum, Thymian,
Oregano und Petersilie)

Salz
schwarzer Pfeffer
30 g geriebener
gereifter Ziegenkäse
100 g frischer
Ziegenkäse

AUSSERDEM
1 feuerfeste
Auflaufform
Butter für die Form

1 Die Makkaroni in sprudelnd kochendem Salzwasser nach Packungsanleitung bissfest garen, abgießen, abtropfen lassen.

2 Den Knoblauch und die Zwiebeln schälen und fein hacken. Die Tomaten überbrühen, häuten und klein würfeln, dabei die Stielansätze entfernen. Die Butter in einer Pfanne zerlassen, den Knoblauch und die Zwiebeln kurz anschwitzen. Die Tomaten 2 bis 3 Minuten mitdünsten. Die Kräuter zugeben, salzen und pfeffern. Die Nudeln untermischen.

3 Eine Auflaufform mit Butter ausstreichen und die Nudelmischung einfüllen. Mit dem geriebenen Ziegenkäse bestreuen. Den frischen Ziegenkäse in Scheiben schneiden und auf den Nudeln verteilen. Bei 200° in den vorgeheizten Backofen schieben und 20 Minuten backen.

VARIANTE MAKKARONI ALLA CAPRESE

Dazu 750 g gewürfelte Tomaten mit 50 g geriebenem Parmesan, reichlich gehacktem Basilikum und 400 g vorgegarten Makkaroni mischen. In eine gebutterte Auflaufform füllen, gewürfelten Mozarella (2 Kugeln) und 3 EL Olivenöl darüber geben und backen.

Nudelauflauf mit Artischocken

Salz	schwarzer Pfeffer
300 g Penne	Muskatnuss,
6 in Öl eingelegte	frisch gerieben
Artischockenherzen	1/2 unbehandelte Zitrone
1 Bund	3 Eier
Frühlingszwiebeln	100 g Mascarpone
100 g gekochter	80 g Pecorino, frisch
Schinken	gerieben
1 Bund Basilikum	AUSSERDEM
150 g ausgelöste	1 feuerfeste Auflaufform
Erbsen	Butter für die Form

ZUBEREITUNGSZEIT: ETWA 35 MINUTEN
BACKZEIT: 35-40 MINUTEN

1 Reichlich Salzwasser zum Kochen bringen. Die Penne darin nach Packungsanleitungt bissfest kochen, abgießen und abtropfen lassen.

2 Die Artischockenherzen abtropfen lassen und der Länge nach achteln. Frühlingszwiebeln putzen, gründlich waschen und mit dem zarten Grün in feine Ringe schneiden. Schinken vom Fettrand befreien und in Streifen schneiden. Basilikum waschen, die Blättchen abzupfen und in Streifen schneiden.

3 Die Nudeln, die Artischocken, die Frühlingszwiebeln, den Schinken, das Basilikum und die Erbsen mischen, mit Salz, Pfeffer und Muskat abschmecken. Die Zitronenhälfte heiß waschen und abtrocknen. Die Schale dünn abschälen und fein hacken, den Saft auspressen.

4 Den Backofen auf 200° vorheizen. Die Auflaufform mit Butter ausstreichen.

5 Die Eier trennen. Die Eigelbe mit dem Mascarpone, dem Käse, der Zitronenschale und dem -saft mischen und unter die Nudelmasse mengen. Die Eiweiße mit Salz steif schlagen und unter die Masse heben.

6 Die Masse in die Form füllen. Den Auflauf im Backofen (Mitte) 35-40 Minuten backen, bis er schön gebräunt ist.

VARIANTEN

Nudelaufläufe schmecken mit vielen anderen Gemüsesorten gut. Zucchini, Paprikaschoten, Tomaten und Staudensellerie können Sie roh verwenden. Blanchiert werden müssen Spinat, Mangold und anderes Blattgemüse, auch alle Kohlsorten. Vorher in Öl anbraten sollten Sie Pilze, Auberginen, Kürbis- und Kohlrabiwürfel.

Spinatlasagne Florentiner Art

ZUBEREITUNGSZEIT: ETWA 40 MINUTEN

BACKZEIT: 35-40 MINUTEN

FÜR 4 PERSONEN

750 g Spinat
3 Eier
50 g Pinienkerne
750 g Tomaten
4 EL Butter
4 EL Mehl
etwa 850 ml Milch
Salz
weißer Pfeffer
Muskatnuss,
frisch gerieben
1 Zwiebel
2 Knoblauchzehen

2 EL Olivenöl
300 g Lasagneplatten
(ohne Vorkochen)
100 g Parmesan
(ersatzweise Pecorino), frisch gerieben

AUSSERDEM

1 große flache und
rechteckige
Auflaufform
Butter für die Form

1 Spinat waschen, verlesen, die dicken Stiele entfernen. Die Blätter abtropfen lassen. Die Eier in 8 Minuten hart kochen. Pinienkerne in einer trockenen Pfanne bei mittlerer Hitze unter Rühren hellbraun rösten. Tomaten überbrühen, häuten und würfeln, dabei die Stielansätze entfernen. Eier abschrecken, pellen und hacken.

2 In einem Topf 2 Esslöffel Butter schmelzen, das Mehl einrühren und aufschäumen lassen. Die Milch angießen und die Sauce unter Rühren bei mittlerer bis schwacher Hitze 10 Minuten köcheln lassen. Mit Salz, Pfeffer und Muskat kräftig abschmecken, zur Seite stellen.

3 Zwiebel und Knoblauch schälen, fein würfeln. In einem Topf das Olivenöl auf mittlerer Stufe erhitzen. Zwiebel und Knoblauch darin glasig dünsten. Spinat dazugeben, unter Rühren zusammenfallen lassen, mit Salz und Pfeffer würzen.

4 Backofen auf 200° vorheizen. Auflaufform mit Butter ausstreichen. Den Boden mit etwas heller Sauce ausgießen, mit Lasagneplatten auslegen, sie dürfen nicht überlappen. Darauf etwas Spinat verteilen, mit Tomatenwürfeln, Pinienkernen, gehackten Eiern und etwas Käse bestreuen, mit etwas Sauce begießen und mit Nudelplatten abdecken. Die letzte Schicht besteht aus Nudelplatten, Sauce und Käse. Mit restlicher Butter in kleinen Flöckchen belegen.

5 Im Backofen (Mitte) 35-40 Minuten backen, bis die Oberfläche gut gebräunt ist.

TIPP

Gesamte Sauce einschichten, abschließend die Oberfläche dick mit Crème fraîche bestreichen und mit Käse bestreuen, das gibt eine schöne braunglänzende Kruste.

Cannelloni mit Fischfüllung

ZUBEREITUNGSZEIT: ETWA 1 STUNDE
BACKZEIT: 30-35 MINUTEN

2 Scheiben Toastbrot
600 g Fischfilet (z. B. Kabeljau, Rotbarsch)
1 Bund Frühlingszwiebeln
1/2 unbehandelte Zitrone
1 Bund Petersilie
1 Bund Dill
2 Eier
Salz
weißer Pfeffer
Muskatnuss, frisch gerieben

125 g Mozzarella
1 TL Kapern (nach Belieben)
1 EL Butter
1 gehäufter EL Mehl
500 ml Milch
250 g Cannelloni (ohne Vorkochen)
1 große Fleischtomate

AUSSERDEM
1 große flache und rechteckige Auflaufform
Butter für die Form

1 Toastbrot in lauwarmem Wasser einweichen, dann gut ausdrücken und fein zerpflücken. Das Fischfilet grob würfeln und mit dem Toastbrot im Mixer pürieren.

2 Frühlingszwiebeln putzen, gründlich waschen und mit dem zarten Grün in feine Ringe schneiden. Zitrone heiß waschen, die Schale abschälen und sehr fein hacken. Zitrone dann auspressen. Kräuter waschen und die Blättchen fein hacken.

3 Fischmasse mit Frühlingszwiebeln, Zitronenschale und -saft, Eiern, Salz, Pfeffer und Muskat mischen. Mozzarella würfeln und mit den Kapern untermischen.

4 Butter in einem Topf schmelzen lassen. Das Mehl darin anschwitzen und aufschäumen lassen. Die Milch unter Rühren angießen und die Sauce bei mittlerer Hitze 10 Minuten leicht köcheln lassen. Mit Salz und Pfeffer abschmecken.

5 Backofen auf 200° vorheizen. Auflaufform mit Butter ausstreichen. Cannelloni-Rollen mit der Fischmasse füllen und nebeneinander hineinlegen. Tomate waschen, in dünne Scheiben schneiden und darauf verteilen. Mit der Sauce begießen.

6 Die Cannelloni im Backofen (Mitte) 30-35 Minuten backen, bis sie weich und goldbraun sind.

Gebackene Nudelnester

ZUBEREITUNGSZEIT: ETWA 45 MINUTEN

BACKZEIT: 20 MINUTEN

FÜR 4 PERSONEN

Salz
300 g grüne Bandnudeln
2 EL Butter
1 EL Mehl
300 ml Fischfond (aus dem Glas)
weißer Pfeffer
600 g Tomaten
1 Bund Dill
16 kleine oder 8 große rohe Garnelen
125 g Mozzarella

AUSSERDEM
1 breite feuerfeste Form
Butter für die Form

1 Reichlich Salzwasser aufkochen lassen. Die Bandnudeln darin nach Packungsanleitung bissfest kochen, in einem Sieb gut abtropfen lassen.

2 Inzwischen die Butter in einem Topf schmelzen lassen. Das Mehl darin goldgelb anschwitzen, den Fond unterrühren. Mit Salz und Pfeffer würzen, bei schwacher Hitze 15 Minuten offen leicht dicklich einkochen lassen.

3 Den Backofen auf 225° vorheizen. Die Tomaten überbrühen, häuten und würfeln, dabei die Stielansätze entfernen.

4 Den Dill waschen und hacken, unter die Sauce rühren und diese mit Salz und Pfeffer abschmecken.

5 Die Nudeln in die gebutterte Auflaufform geben, dabei mit einer Gabel zu 8 kleinen Nestern formen. Jeweils je nach Größe 1 oder 2 Garnelen in die Nester geben. Die Dillsauce darüber träufeln, die Tomaten darauf verteilen.

6 Den Mozzarella klein würfeln und darüber streuen. Die Nudeln im vorgeheizten Backofen (Mitte) 20 Minuten überbacken.

TIPP

Verwenden Sie für den Auflauf unbedingt rohe Garnelen, die dann beim Überbacken garen. Sie bekommen sie im Fischgeschäft oder tiefgekühlt in großen Supermärkten. Bereits gegarte Meeresfrüchte trocknen im Ofen leicht aus. Die einfachste Art, Garnelen zu schälen: Den Kopf mit leichter Drehbewegung aus der Schale ziehen, Schale auf der Bauchseite aufschneiden und Fleisch auslösen. Den dunklen Darm ziehen Sie am besten mit einer Pinzette aus dem Fleisch. Garnelenrücken dazu eventuell vorher einschneiden.

Die liebevoll Selbstgemachten

DIE EIGENE WOHNUNG INS URLAUBSPARADIES VERWANDELN: DEN WÄSCHESTÄNDER ZUM NUDELTROCKNER BESTIMMEN, AUF DER FENSTERBANK EINE BASILIKUMPLANTAGE ANLEGEN, VOM PARMESAN EIN STÜCKCHEN NACH DEM ANDEREN NASCHEN UND DABEI DEN APERITIVO NICHT VERGESSEN.

Grundrezept für selbst gemachte Nudeln

FÜR 4-6 PERSONEN

1 400 g Mehl (eventuell bis zur Hälfte durch Hartweizengrieß ersetzen) in einer Schüssel mit 4 Eiern, 1/2 Teelöffel Salz und 1 Esslöffel Olivenöl zu einem glatten Teig verkneten. Er soll geschmeidig sein, aber nicht an den Fingern kleben. Bei Bedarf noch etwas Mehl oder auch 1 zusätzliches Eigelb dazugeben.

2 Den Teig dann auf der Arbeitsfläche mit den Händen noch einmal 5 Minuten lang kräftig durchkneten, bis er glänzt und sehr glatt ist. In Pergamentpapier wickeln und bei Zimmertemperatur 30 Minuten ruhen lassen.

3 Nach der Ruhezeit den Teig noch einmal kräftig durchkneten, dann in Portionen teilen. Den Teig, der gerade nicht verarbeitet wird, wieder ins Papier wickeln oder mit einem feuchten Tuch abdecken. Er trocknet sonst an der Oberfläche aus und lässt sich nicht mehr so gut verarbeiten.

4 Den Teig dünn ausrollen. Das geht auf der leicht bemehlten Arbeitsfläche mit dem Nudelholz, aber noch besser mit der Nudelmaschine. Dafür den Teig zuerst durch die weiteste Walzenöffnung drehen. Immer wieder dreifach zusammenklappen und erneut - mit einer offenen Seite voran - durchdrehen. Dabei die Walze langsam enger stellen, bis eine schön dünne Teigplatte entstanden ist. Den restlichen Teig ebenso ausrollen.
Wer den Teig mit dem Nudelholz ausrollen will, sollte etwas Geduld aufbringen und ihn wirklich dünn ausrollen. Wenn die Nudeln zu dick geraten, schmecken sie nicht gut.

5 Den Teig nun in der Nudelmaschine zu Spaghetti oder Bandnudeln formen. Oder mit einem Messer zu beliebigen Nudeln schneiden. Dazu die Teigplatte mit Mehl bestäuben, locker aufrollen und dann schneiden.

6 Die Nudeln auf bemehlten Küchentüchern ausbreiten und einige Stunden trocknen lassen. Dabei immer wieder wenden, damit sie gleichmäßig trocknen.

7 Die Nudeln dann in reichlich sprudelnd kochendem Salzwasser bissfest garen. Je nach Trockenzeit brauchen sie 1-3 Minuten Garzeit.

VARIANTE: BUNTE NUDELN

GELB WIRD DER TEIG, wenn Sie mit den Eiern 1 Döschen gemahlenen Safran dazugeben.

ROT WIRD DER TEIG, wenn Sie 1 kleine rote Bete kochen, schälen und fein pürieren. Dann mit nur 2 Eiern unter den Teig mischen und eventuell etwas mehr Mehl einarbeiten.

GRÜN WIRD DER TEIG, wenn Sie 200 g feinen Blattspinat blanchieren, kalt abschrecken und abtropfen lassen. Mit den Händen sehr gut ausdrücken und den Spinat fein pürieren oder ganz fein zerkleinern. Mit nur 2 Eiern unter das Mehl mischen. Eventuell noch etwas mehr Mehl dazugeben, je nach Feuchtigkeit des Spinats.

Tortellini mit Fleischfüllung

FÜR 4 PERSONEN

FÜR DEN TEIG
300 g Mehl
4 Eier
1 EL Milch
Salz

FÜR DIE FÜLLUNG
1 kleine Zwiebel
50 g roher Schinken
2 EL Butter
je 125 g gehacktes
Kalb- und
Schweinefleisch

1 EL frisch gehackte
Petersilie
1 EL Semmelbrösel
2 EL Parmesan,
frisch gerieben
1 Eigelb,
Salz
weißer Pfeffer
Mehl für die Arbeits-
fläche

1 Aus dem Mehl, den Eiern, der Milch, eventuell 1 Esslöffel Wasser und Salz einen Nudelteig herstellen (siehe Seite 63). Den Teig kräftig durchkneten. In Folie wickeln oder mit einem feuchten Tuch bedecken und mindestens 30 Minuten ruhen lassen.

2 Inzwischen für die Füllung die Zwiebel und den Schinken fein hacken. Zwiebeln in der Butter glasig dünsten. Das Hackfleisch und den Schinken kurz mitdünsten, bis das Fleisch Farbe annimmt. Alles in eine Schüssel geben und mit der Petersilie, den Semmelbröseln, dem Parmesan und dem Eigelb gründlich zu einer festen Masse vermischen, bei Bedarf noch Semmelbrösel oder etwas flüssige Butter dazugeben. Mit Salz und Pfeffer abschmecken.

3 Den Nudelteig mit dem Nudelholz auf einer bemehlten Arbeitsfläche oder mit der Nudelmaschine dünn ausrollen. In etwa 5 cm große Quadrate schneiden, jeweils 1 Teelöffel Füllung in die Mitte geben. Die Quadrate zu Dreiecken zusammenlegen, die Ränder leicht andrücken. Das Dreieck mit der Spitze nach unten um den Zeigefinger schlingen, die Enden fest zusammendrücken. Mit der anderen Hand die Teigspitze umklappen. Gleichzeitig den fertigen Tortellini vom Finger ziehen und auf ein bemehltes Küchentuch legen.

4 Inzwischen reichlich Salzwasser aufkochen lassen. Die Tortellini darin 10 Minuten sieden lassen, abgießen und anrichten.

TIPP

Besonders lecker zu den Tortellini schmeckt Salbeibutter. Dazu 50 g Butter mit 3 frisch gehackten Salbeiblättern in einer Pfanne aufschäumen lassen. Die Tortellini damit begießen und mit 50 g frisch geriebenem Parmesan bestreut servieren.

FÜR 4 PERSONEN

FÜR DEN TEIG
Grundrezept Seite 63
FÜR DIE FÜLLUNG
200 g in Öl eingelegte
Artischockenherzen
2 EL Mascarpone
1 Bund Rucola
1 Knoblauchzehe

40 g Parmesan, frisch
gerieben
Salz
weißer Pfeffer

Rucola-Artischocken-Ravioli

ZUBEREITUNGSZEIT: ETWA 2 STUNDEN

1 Teig wie auf Seite 63 beschrieben zubereiten. Für die Füllung Artischockenherzen mit dem Mascarpone im Mixer fein pürieren. Rucola waschen, Knoblauch schälen. Beides sehr fein hacken und mit dem Parmesan unter die Füllung mischen, salzen und pfeffern.

2 Den Nudelteig mit dem Nudelholz auf einer bemehlten Arbeitsfläche oder mit der Nudelmaschine dünn ausrollen. Die Teigplatte mit einem Teigrädchen oder Küchenmesser in Rechtecke schneiden. Auf jeweils eine Hälfte des Rechtecks die Füllung geben. Die Ränder mit Wasser befeuchen. Das Rechteck umklappen und an den Rändern fest andrücken.

3 In einem Topf reichlich Salzwasser aufkochen. Die fertigen Ravioli darin 5 Min. ziehen lassen.

TIPP

Mit frischer Tomatensauce anrichten. Dazu in einem Topf 2 EL Öl erhitzen. 2 gewürfelte Tomaten darin kurz anschwitzen, salzen, pfeffern.

Ricotta-Ravioli

ZUBEREITUNGSZEIT: ETWA 2 STUNDEN

FÜR 4 PERSONEN

FÜR DEN TEIG
Grundrezept Seite 63
FÜR DIE FÜLLUNG
1 großes Bund Basilikum
2 Knoblauchzehen
300 g weicher Ricotta
(italienischer Frischkäse)

1 großes Ei
100 g Parmesan,
frisch gerieben
Salz
weißer Pfeffer
Cayennepfeffer

1 Nudelteig wie auf Seite 63 beschrieben zubereiten.Für die Füllung Basilikum waschen und die Blättchen sehr fein hacken. Knoblauch schälen und durch die Presse drücken. Mit Basilikum, Ricotta, Ei und Parmesan gründlich verrühren. Mit Salz, Pfeffer und Cayennepfeffer abschmecken.

3 Teigtaschen wie links beschrieben formen, füllen und garen.

TIPP

Servieren Sie die Ravioli mit Frühlingszwiebelbutter. Dazu 3 Frühlingszwiebeln putzen, gründlich waschen und mit dem zarten Grün in feine Ringe schneiden. 100 g Butter in einem Topf zerlassen, Frühlingszwiebeln darin anbraten. Teigtaschen in vorgewärmte Teller geben, Zwiebelbutter darauf verteilen und mit frisch geriebenem Parmesan servieren.

FÜR DEN TEIG
Grundrezept Seite 63

FÜR DIE FÜLLUNG
2 Schalotten
1 Bund Petersilie
350 g Pilze (z. B. Steinpilze, Champignons)
1 EL Olivenöl
1 EL Crème fraîche

Salz
weißer Pfeffer
1 großes Ei
1 1/2 EL Semmelbrösel

Pilz-Ravioli

ZUBEREITUNGSZEIT: ETWA 2 STUNDEN

1 Nudelteig wie auf Seite 63 beschrieben zubereiten.

2 Für die Füllung Schalotten schälen und fein hacken. Petersilie waschen, die Blättchen fein hacken. Pilze putzen und fein zerkleinern.

3 Das Öl erhitzen. Schalotten darin glasig braten. Pilze bei starker Hitze mitbraten. Petersilie und Crème fraîche untermischen und einkochen lassen. Die Masse fein pürieren, salzen und pfeffern. Ei und Semmelbrösel untermengen.

4 Teigtaschen wie auf S. 66 beschrieben formen, füllen und garen.

Ravioli mit Spinat und Ziegenkäse

ZUBEREITUNGSZEIT: ETWA 1 1/2 STUNDEN

FÜR 4 PERSONEN

FÜR DEN TEIG
Grundrezept S. 63

FÜR DIE FÜLLUNG
150 g tiefgekühlter Spinat
150 g trockener Ziegenkäse

1 EL Butter
2 EL Semmelbrösel
1 Ei
Salz
weißer Pfeffer

1 Nudelteig wie auf Seite 63 beschrieben zubereiten.

2 Für die Füllung den Spinat nach Packungsanleitung erwärmen, in einem Sieb abtropfen lassen, ausdrücken. Den Ziegenkäse würfeln, mit der Gabel zerdrücken. Mit dem Spinat, der Butter, den Semmelbröseln und dem Ei vermischen. Salzen, pfeffern und 10 Minuten quellen lassen.

3 Teigtaschen wie auf S. 66 beschrieben formen, füllen und garen.

TIPP

Mit Minz-Butter servieren! Dazu 3 Zweige Pfefferminze waschen und grob hacken. In einer Pfanne in 5 EL Butter 3 Minuten andünsten, mit Salz und frisch gemahlenem Pfeffer würzen. Die Ravioli mit der Minzbutter übergießen und mit frisch geriebenem Parmesan oder Pecorino bestreut servieren.

Die nahen Verwandten

DIESE VERWANDTEN LIEBT GARANTIERT JEDER UND SIE DÜRFEN AUCH SO OFT ZU BESUCH KOMMEN, WIE SIE WOLLEN. DENN SIE WERDEN NIE LANGWEILIG UND BRINGEN AUCH NOCH SO GENUSSVOLLE FREUNDE MIT. EINE FAMILIEN-TRADITION, DIE BESTIMMT BEI-BEHALTEN WIRD!

Gnocchi di patate

ZUBEREITUNGSZEIT: ETWA 2 STUNDEN

FÜR 4 PERSONEN

1 kg mehlig kochende Kartoffeln	6-8 Salbeiblätter
Salz	Muskatnuss, frisch gerieben
1 Ei, 1 Eigelb	schwarzer Pfeffer
150 g Mehl	50 g Parmesan, frisch gerieben
200 g Ricotta	Mehl für das Backbrett
150 g Butter	

1 Kartoffeln in Salzwasser weich kochen und pellen. Die heißen Kartoffeln durch die Presse auf ein bemehltes Backbrett drücken und abkühlen lassen.

2 Ei, Eigelb und Salz in die Kartoffelmasse geben und mit so viel Mehl verkneten, dass ein lockerer, homogener Teig entsteht. Hände und Backbrett immer gut bemehlt halten, der Teig darf nicht an den Fingern kleben.

3 Teig in kleine Portionen aufteilen und aus jeder Portion mit der bemehlten Handfläche fingerdicke Röllchen formen. Diese in 2-3 cm lange Stücke schneiden. Jedes Teigstückchen leicht mit Mehl bestäuben.

4 In einem großen Topf reichlich Salzwasser zum Kochen bringen. Gnocchi in kleinen Mengen nacheinander hineingleiten und zugedeckt bei schwacher Hitze 3-5 Minuten ziehen lassen. Sobald die Gnocchi gar sind, steigen sie an die Oberfläche.

5 Ricotta in dünne kleine Scheibchen schneiden. In einer großen Pfanne die Hälfte der Butter zerlassen. 4 Salbeiblätter zart anbraten. Ricotta hinzufügen und in der Butter schwenken.

6 Gnocchi mit einem Schaumlöffel herausnehmen, gut abtropfen lassen und in die Pfanne hineingeben. Die restliche Butter und den Ricotta unter die Gnocchi mischen. Mit Muskat und Pfeffer würzen. Gnocchi direkt in der Pfanne oder in einer vorgewärmten Schüssel mit Salbeiblättern anrichten. Parmesan dazu reichen.

VARIANTE
GNOCCHI VERDI (SPINATNOCKEN)

100 g frischen oder 50 g tiefgekühlten Spinat, gut ausgedrückt, fein hacken und mit 1 kg gekochten, durchpassierten Kartoffeln, mit 150 g Mehl und 1 Eigelb mischen. Gnocchi nach dem Rezept zubereiten, mit 150 g zerlassener Butter übergießen und mit Parmesan bestreuen.

Kürbis-Gnocchi

1 Stück Kürbis
(etwa 900 g)
250 g mehlig
kochende Kartoffeln
100 g Grieß
200 g Mehl

1 Msp. gemahlener
Safran
Salz
Parmesan, frisch
gerieben

ZUBEREITUNGSZEIT: ETWA 1 3/4 STUNDEN

1 Den Kürbis von den Kernen mit dem faserigen Fruchtfleisch befreien. Das ganze Stück im Backofen bei 200° 40 Minuten backen. Etwas auskühlen lassen, von der Schale lösen.

2 Inzwischen die Kartoffeln waschen und mit Schale in Wasser zugedeckt in 20-30 Minuten weich garen. Kartoffeln etwas ausdämpfen lassen, dann schälen und mit dem Kürbis noch warm durch die Kartoffelpresse drücken.

3 Die Kürbismischung mit dem Grieß, dem Mehl, dem Safran und 1 kräftigen Prise Salz zu einem gebundenen Teig verkneten.

4 Aus dem Teig mit zwei Teelöffeln Nocken formen und auf einem bemehlten Küchentuch 1 Stunde ruhen lassen.

5 Für die Gnocchi in einem großen Topf reichlich Salzwasser zum Kochen bringen. Die Gnocchi ins kochende Wasser geben und bei schwacher Hitze 10 Minuten ziehen lassen, bis sie an die Oberfläche steigen.

6 Die Gnocchi aus dem Topf heben, in vorgewärmte Teller geben. Möglichst rasch servieren. Parmesan dazu reichen.

Malfatti (Spinat-Käse-Nocken)

FÜR 6 PERSONEN

ZUBEREITUNGSZEIT: ETWA 1 STUNDE

600 g frischer
Blattspinat
200 g Mehl
150 g Ricotta
(italienischer Frischkäse,
ersatzweise gut abge-
tropfter Magerquark)
100 g Parmesan, frisch
gerieben
2 Eier
1 Eigelb

1 kleine Zwiebel
100 g Butter
Muskatnuss, frisch
gerieben
Salz
weißer Pfeffer, frisch
gemahlen

AUSSERDEM
1 feuerfeste Auflauf-
form
Butter für die Form

1 Blattspinat putzen und waschen, tropfnass in einen Topf geben, erhitzen und zusammenfallen lassen. Etwas abkühlen lassen, die Blätter auspressen und fein hacken.

2 Zwiebel grob hacken, in 30 g zerlassener Butter glasig dünsten. Gehackten Spinat untermischen, vom Herd nehmen und abkühlen lassen.

3 Ricotta cremig rühren, abgekühlten Spinat und die Hälfte des geriebenen Parmesans untermischen. Eier und Eigelb einrühren, mit Salz, Pfeffer und Muskat kräftig würzen.

4 Das Mehl nach und nach einarbeiten, zu einem glatten Teig rühren, nochmals abschmecken. In einem großen Topf 2 l Salzwasser aufkochen. Aus der Teigmasse mit zwei Esslöffeln Nocken abstechen. Ins kochende Wasser geben, dann die Temperatur verringern und die Nocken ziehen lassen, bis sie an der Oberfläche schwimmen. Währenddessen Backofen auf 175° vorheizen.

5 Nocken mit dem Schaumlöffel herausnehmen, abtropfen lassen und in eine gebutterte Auflaufform geben. Restliche Butter zerlassen und darüber träufeln, für 5 Minuten in den vorgeheizten Backofen schieben. Mit übrigem Parmesan bestreuen und sofort servieren.

INFO

Kurioserweise schmückt diese Köstlichkeit ein wenig schmeichelhafter Name - Malfatti könnte man nämlich am ehesten mit "misslungen" oder "schlecht gemacht" übersetzen...

Doch seien Sie versichert: Die Italiener wollen damit nur feststellen, dass sich die Form dieser Nocken geradezu simpel ausnimmt - im Vergleich zu den zahlreichen, sehr viel eleganteren Nudelrivalen. Geschmacklich gehören die bescheidenen Spinatbällchen jedoch zur absoluten Spitze!

Register

GU KÜCHENRATGEBER/LIFESTYLE

Da lachen nicht nur die Hühner

ISBN 3-7742-2134-0
64 Seiten | € 6,50 [D]

ISBN 3-7742-3267-9
64 Seiten | € 6,50 [D]

ISBN 3-7742-3269-5
80 Seiten | € 12,90 [D]

ISBN 3-7742-2600-8
64 Seiten | € 6,50 [D]

ISBN 3-7742-4896-6
64 Seiten | € 6,90 [D]

Änderungen und Irrtum vorbehalten

Körnchen für Körnchen Kochvergnügen
für Genießer und Peter Gaymann Fans

Gutgemacht. Gutgelaunt.

Impressum

DER CARTOONIST

Peter Gaymann, geb. 1950 in Freiburg im Breisgau, gehört zu den erfolgreichsten deutschen Cartoonzeichnern. Seit seinem 1984 erschienenen Cartoonband «Huhnstage» sind die Hühner zu seinem Markenzeichen geworden. Seinen Zeichnungen und Drucken wurden zahlreiche Ausstellungen gewidmet, sie erscheinen regelmäßig in Magazinen wie BRIGITTE und GONG sowie in vielen Zeitschriften, darunter verschiedene Kochzeitschriften. Peter Gaymann lebt, nach mehrjährigem Aufenthalt in Rom, als freier Zeichner und Grafiker in Köln.

Weitere Informationen zu Peter Gaymanns Postkarten und Geschenkartikeln erhalten Sie bei:

Cartoon Concept ®
Postfach 1269
30012 Hannover

DIE FOTOGRAFIN

Antje Plewinski machte sich nach dem erfolgreichen Abschluss ihres Fotodesign Studiums als Fotografin selbstständig. Durch Aufenthalte in Kanada und Australien sammelte sie viel Erfahrung im Bereich Werbefotografie, Food und Stilllife. 1996 gründete sie ihr eigenes Fotostudio in Berlin und spezialisierte sich durch ihre Liebe zu kulinarische Genüssen sehr schnell auf die Foodfotografie. In diesem Bereich arbeitet sie erfolgreich für ihre Kunden aus der Werbung und für Verlage.

BILDNACHWEIS

Alle Bilder: Antje Plewinski, Berlin

GRÄFE
UND
UNZER
Ein Unternehmen der
GANSKE VERLAGSGRUPPE

© 2002 Gräfe und Unzer Verlag GmbH, München. Alle Rechte vorbehalten. Nachdruck, auch auszugsweise, sowie Verbreitung durch Bild, Funk, Fernsehen und Internet, durch fotomechanische Wiedergabe, Tonträger und Datenverarbeitungssysteme jeder Art nur mit schriftlicher Genehmigung des Verlages.

REDAKTIONSLEITUNG:
Birgit Rademacker

REDAKTION:
Stefanie Poziombka

REDAKTIONSASSISTENZ:
Beate Pfeiffer

UMSCHLAGGESTALTUNG, LAYOUT UND TYPOGRAFIE:
www.wildatart.de
Andrea Schmidt

HERSTELLUNG:
Renate Hutt

REPRODUKTION:
Penta Repro,
München

DRUCK UND BINDUNG:
Druckerei Auer,
Donauwörth

ISBN 3-7742-4909-1

Auflage	5.	4.	3.	2.
Jahr	06	05	04	03

GU
· DAS ORIGINAL · MIT GARANTIE